聪颖宝贝科普馆

趣味科学启蒙，给孩子的贴心科普老师

中国之最

胡君宇 / 主编

辽宁美术出版社

图书在版编目（CIP）数据

中国之最 / 胡君宇主编. — 沈阳 : 辽宁美术出版
社, 2023.9
　（聪颖宝贝科普馆）
ISBN 978-7-5314-9481-2

Ⅰ.①中… Ⅱ.①胡… Ⅲ.①科学知识—青少年读物
Ⅳ.①Z228.2

中国国家版本馆 CIP 数据核字(2023)第 079591 号

出　版　者：辽宁美术出版社
地　　　址：沈阳市和平区民族北街 29 号　　邮编：110001
发　行　者：辽宁美术出版社
印　刷　者：唐山楠萍印务有限公司
开　　　本：889mm×1194mm　　1/16
印　　　张：5.5
字　　　数：40 千字
出版时间：2023 年 9 月第 1 版
印刷时间：2023 年 9 月第 1 次印刷
责任编辑：张　玥
装帧设计：胡　艺
责任校对：满　媛
书　　　号：ISBN 978-7-5314-9481-2
定　　　价：88.00 元

邮购部电话：024-83833008
E-mail：lnmscbs@163.com
http://www.lnmscbs.cn
图书如有印装质量问题请与出版部联系调换
出版部电话：024-23835227

目录

目录

写在前面

　　你了解我们的祖国吗？中国陆地面积约960万平方千米，有广袤的高原、绵延的山川、起伏的丘陵……它们共同组成了壮美秀丽的祖国大好河山。这里有著名的山川地理，神奇的动物植物，以及古老的文明，你是否想对这片大地有更多的了解呢？本书将带领大家认识那些"中国之最"。

　　《中国之最》这本书收录了大量妙趣横生，又包含传奇故事的条目，每一个条目或标示出大自然的一个极限，或成为人类社会发展中的一个里程碑，或留下科学史上的一个奇迹，成为人们常谈不衰的话题。中国最炎热的地方在哪儿？中国最珍贵的动物是什么？中国最早的消防队是什么样的？……追溯历史，探索自然，它们能带给你的知识并不枯燥。它们有着深厚的意蕴，有着传奇的故事。阅读本书，能让大家对我们美好的祖国有更深的了解。

　　本书内容丰富，用通俗的语言和多彩的图片，详细展示了山川地理、动物植物、社会发展、文化教育、科学技术、军事六个方面的中国之最，融自然科学与人文科学于一体，是集合诸多领域的百科类图书。本书体例独特，版式新颖，精美图片与文字相辅相成，既生动有趣，又科学严谨。大家可从任意一页读起，随时随地翻阅。本书也是促进孩子们有效沟通、相互学习、共同进步的绝佳读本。

最大的天坑

中国最大的天坑——小寨天坑。此坑为椭圆形,坑口直径622米,坑底直径522米,深度666.2米,位于重庆市奉节县境内,靠近长江三峡的兴隆镇小寨村。据专家所说,此坑乃"天下第一坑",是世界上迄今为止发现的最大的"漏斗"形天坑。

◆ **地理概貌**

　　小寨天坑的坑壁十分陡峭，东北方位有一条通往坑底的小道。坑壁 300 米深处和 400 米深处为该天坑的两级台地。坑底是一条地下暗河，源自一条被当地人称为"地缝"的神秘峡谷。

◆ **成因**

　　关于小寨天坑的成因有两种说法：一是说天坑是数亿年前陨星撞击地球形成的，二是说天坑是由地下暗河冲击碳酸盐岩层而引起岩层塌陷形成的。

◆ **探索发现**

　　小寨天坑被发现后，曾有中外探险家多次前来进行探险活动，已探明地下暗河长度达 100 余千米，探测溶洞近 100 个，在这些区域发现多种植物及珍稀动物。地质学家们认为，小寨天坑不仅是构成地球演化史的重要例证，更是探寻长江三峡成因的"活化石"。

最大的沙漠

    中国最大的沙漠——塔克拉玛干沙漠。该沙漠面积有 33.76 万平方千米，位于塔里木盆地中部。

◆ 名称由来

    "塔克拉玛干"一词分为两部分，"塔克拉"和"玛干"，分别为"地下"和"家园"的意思，所以"塔克拉玛干"的意思就是"地底下的家园"或"地底下的城市"。在维吾尔族的传说当中，塔克拉玛干沙漠下掩埋了一座城市。

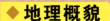

◆ 地理概貌

塔克拉玛干沙漠的沙丘类型复杂多样，以流动沙丘为主，一般高 70 米～80 米，最高达 250 米。

◆ 相关传说

  传说中，塔克拉玛干沙漠原本是塔里木盆地的一部分，那里曾生活着维吾尔族人。一位神仙同情塔里木盆地内的人生活不易，将金斧子交给了哈萨克族人，用来劈山引水。他本想将金钥匙交给维吾尔族人打开塔里木盆地内的宝库，可金钥匙却被他的小女儿玛格萨弄丢了。愤怒的神仙将小女儿玛格萨囚禁在塔里木盆地中央，这里便成了塔克拉玛干沙漠。

最大的内陆咸水湖

中国面积最大的内陆咸水湖——青海湖，位于青海省东北部大通山、日月山、青海南山间，又名"库库诺尔"。"青海"之名始于北魏，因湖水清澈碧蓝，湖面广袤如海而得名。

◆ **地理概貌**

青海湖形似梨，含盐量大，湖内浮游生物少，透明度达 8 米以上，看上去格外湛蓝。这里夏季凉爽，湖上浩渺烟波，是一处绝佳的避暑赏景之地。

◆ 气候特征

　　青海湖为高原大陆性气候,春季多大风和沙暴,暖季短暂,冷季漫长;日照强烈,光照充足;雨量偏少,雨热同季,干湿季分明。

◆ 成因

　　远古时期的青藏高原是一片汪洋,造山运动使得这里成了高原。海水退走后,这片新生的高原上出现了大大小小的湖泊,青海湖正是其中之一。100万年前,青海湖的东面因为日月山隆起被堵住,原应向东流出的河流,被迫向西流入青海湖,形成了我国罕见的自东向西流的倒淌河,青海湖也成为一个流水只入不出的闭塞湖。

最大的竹林

中国最大的竹林——蜀南竹海，位于四川南部的宜宾市境内，面积120平方千米，是我国国家级风景名胜区。

◆ 地理概貌

蜀南地势陡险，峰峦重叠。这里的山普遍较高，气候垂直分布比较明显，山上古今动植物并存。蜀南竹海平均海拔为600米～1000米，森林覆盖率达92.4%，空气清新，冬暖夏凉，属于亚热带季风气候，十分宜人。

◆ **相关传说**

　　传说，金鸾仙子有感天帝的万岭山荒凉一片，于是私下凡间想给这里编翠织绿，却因触犯天条被抓。瑶簪仙子心地善良，将金鸾放走了，结果两人都被抓了。玉帝将瑶簪贬到凡间，瑶簪落脚于"万岭山"的荒山野岭之中，播撒翡翠。原本荒凉的万岭山，终于变成了一块美丽的碧玉，这块碧玉就是今天的蜀南竹海。

◆ **"翡翠长廊"**

　　"翡翠长廊"位于蜀南竹海深处，路面由天然红砂石铺成。两旁密集的竹子层层叠叠，遮天蔽日。红色地毯式的公路与绿色屏风般的楠竹交相辉映，形成秀丽壮美的"翡翠长廊"。

最高的山峰

中国最高的山峰——珠穆朗玛峰,位于中国与尼泊尔边境线上,北部在中国西藏定日县境内,南部在尼泊尔境内,是喜马拉雅山脉的主峰,同时是世界海拔最高的山峰。

◆ 地理环境

珠穆朗玛峰的山体呈金字塔状,地形险峻,层峦叠嶂,群峰林立,环境非常复杂,在其周围20千米的范围内,仅海拔7000米以上的高峰就有40多座。山脊陡峭异常,山脊和峭壁之间又分布着548条大陆型冰川。

◆ 成因

珠穆朗玛峰所在的喜马拉雅山地区在远古时是一片海洋,多少万年过去,大量的碎石和泥沙堆积,在喜马拉雅山地区形成了厚达3万米以上的海相沉积岩层。后来,由于造山运动,喜马拉雅山地区所在的位置受到挤压而向上抬升。时至今日,这片山区还在上升之中。

◆ 名称由来

"珠穆朗玛"在藏语中是"第三女神"的意思,名称背后有着一段广传于西藏的神话:传说五位仙女掌管着喜马拉雅山的五座山峰,其中翠颜仙女是珠穆朗玛峰的主神。这位仙女位居第三,珠穆朗玛峰由此得名。

落差最大的峡谷

中国落差最大的峡谷——虎跳峡，位于云南省玉龙纳西族自治县石鼓东北，以奇险雄壮著称于世，是世界上落差最大的峡谷，分为上、中、下三段，峡谷段自桥头镇至大坝镇，长约16千米，落差200余米。

◆ 名称由来

江流来到虎跳峡，构成了一幅"万仞绝壁万马奔，一线天盖一线江"的奇观。滚滚怒涛之间，只见一巨石横卧中流，把激流一分为二。传说猛虎常靠江心巨石落脚后再跃上对岸，所以叫作"虎跳峡"。

◆ 地理概貌

金沙江流经石鼓镇长江第一湾之后，忽然掉头北上，从玉龙雪山和哈巴雪山之间的夹缝中穿过，形成了世界上最壮观的大峡谷，峡谷中最窄的地方就是闻名于世的虎跳峡。虎跳峡共18处险滩，上下落差213米，最为惊险的是中段峡谷。

◆ 相关传说

传说中，丽江曾有一位领导者，大家称呼他为木老爷。一天，木老爷骑着老虎途经金沙江，一人一虎来到一处狭窄地面，就见江中横卧一巨石。老虎载着木老爷纵身一跃，往江中间的一块巨石上跳去。老虎成功落在巨石上，老虎背上的木老爷却掉入了江中。后人根据这个故事将该处、该石命名为虎跳峡、虎跳石。

13

最炎热的地方

中国最炎热的地方——吐鲁番盆地。"吐鲁番"这个称呼始于明代,它位于新疆维吾尔自治区中部,临近乌鲁木齐,是天山东部的一个东西横置的形如橄榄的山间盆地。

◆ 地理位置

吐鲁番盆地地处亚欧大陆腹地,是新丝绸之路和亚欧大陆桥的重要交通枢纽,位于新疆维吾尔自治区中部,在北纬 41°12′ ~ 43°40′,东经 87°16′ ~ 91°55′ 之间。

◆ "火洲"

　　吐鲁番盆地气候炎热干燥,年降水量仅 16 毫米,蒸发量达 2900 毫米,年平均气温 30℃以上,绝对最高温度 47.6℃,说"这里的石头和沙子能用来做饭炒菜"毫不夸张。吐鲁番盆地自古便有"火洲"之称。

◆ 热的原因

　　1.吐鲁番盆地是一个典型的地堑盆地,地势较低,热气汇集于此难以离开,周边一圈高地又挡住了冷空气,所以非常炎热。

　　2. 沙漠较多,绿色植被受到破坏。

　　3.典型的大陆性暖温带荒漠气候,日照充足,环境非常干燥,降雨量很少。

最大的瀑布

中国最大的瀑布——黄果树瀑布。它同时是世界上最壮观的大瀑布之一，以水势浩大著称，位于贵州省镇宁布依族苗族自治县西南 15 千米的白水河上。

◆ 成因

黄果树瀑布群属于典型的岩溶性瀑布，处于亚热带岩溶地区。亿万年中，流水冲蚀石灰岩，在这里形成了洞穴遍布、峰丛林立的自然奇观。

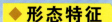

◆ 形态特征

　　黄果树瀑布在贵州省镇宁布依族苗族自治县西南 15 千米的白水河上,瀑布所在位置的河床有一巨大的纵坡裂点,夏季洪峰时,河水流经此处可形成宽达 81 米的巨瀑。

◆ 气候特征

　　黄果树瀑布地处中亚热带,受印度洋西南季风和太平洋东南季风影响,雨量充沛,气候温和,日照少,雨水集中在 5 月 ~ 7 月,12 月是全年降水最少的一个月;年平均温度 15.6℃,温度最高的 7 月份平均温度 23.2℃,温度最低的 1 月份平均温度 5.9℃,年温差 17.3℃。

最珍贵的动物

中国最珍贵的动物——大熊猫，哺乳纲，食肉目，大熊猫科。
大熊猫99%的食物是竹子，每天都要用一半的时间进食。

◆ 栖息环境

大熊猫栖于中国长江上游的高山深谷，海拔2600米～3500米，气候温凉潮湿。大熊猫的活动区域多是山腹洼地、河谷阶地、坳沟等，坡度较平缓，竹子充足，森林茂密，食物资源丰富，隐蔽条件良好。

◆ 现状

大熊猫是我国特有的珍稀动物，目前野生大熊猫只有在我国的甘肃、四川、陕西部分地区的深山老林中才能找到。大熊猫的繁殖十分困难，尤其是野生大熊猫的繁殖。据科学统计，有90%的雄性大熊猫不育，有78%的雌性大熊猫不孕。

◆ "活化石"

　　大熊猫的历史源远流长,约 800 万年前中新世晚期,始熊猫已经出现。约 200 万年前,大熊猫已经广布于我国南部。与大熊猫同期的动物相继灭绝,大熊猫却一直繁衍至今,所以大熊猫有"活化石"之称。

最大的虎

中国最大的虎——东北虎，又称西伯利亚虎，也是世界上体形最大的虎，分布于亚洲东北部，即俄罗斯西伯利亚地区、朝鲜和中国东北地区，是现存体重最大的肉食性猫科动物。

◆ 形态特征

东北虎体形大，头圆耳短，四肢粗壮。成年雄性东北虎体重平均约为 250 千克，体长约为 2.3 米；成年雌性东北虎平均体重约为 170 千克，体长约为 2 米。野生东北虎体色夏毛棕黄色，冬毛淡黄色，躯体后部黑纹多而密，颊呈白色，前额上的数条黑色横纹形似"王"字。

◆ 生活习性

东北虎喜欢独居，具有领地意识，性情凶猛，属于夜行性动物。它们的活动范围很大，雄性东北虎会尽可能地扩大自己的领地，捕猎时采取静伏或前行的方式接近猎物，然后猛扑过去，咬住猎物的颈部。

◆ 现状

东北虎数量十分少，濒临灭绝，属于国家一级保护动物。据 2022 年相关报道，我国境内野生东北虎数量约为 60 只。

21

最大的两栖动物

中国最大的两栖动物——中国大鲵。它也是世界上最大的两栖动物,生活在我国长江、黄河及珠江中、下游的山川溪流中,是我国特有的稀有动物。因其叫声酷似小孩的啼哭,所以人们又称它为"娃娃鱼"。

◆ 形态特征

中国大鲵四肢短小,身体扁平而壮实,头宽而圆扁,眼小口大,尾部侧扁。背部棕褐色,还缀有大小不等的云斑。全长可达 1 米~2 米,体重达 60 余千克。

◆ 生活习性

大鲵通常生活在水流湍急、水质清凉、石缝和岩洞甚多的小溪、河流中,白天常独自潜居于有洄流水的洞穴内。它们习惯在夜间捕食,常常守候在滩口乱石间,发现食物经过就立即吞下。它们主要以蛙、鱼、蛇、虾,以及水生昆虫为食。它们的耐饥力很强,只要水质达标,较长时间不进食也不会饿死。

◆ 繁衍

　　雌鲵会选在岩石洞内产卵,每次产卵约为 300 枚,产下卵后便自行离去。负责抚育的是雄鲵。雄鲵会将自己的身体曲成半圆状,将卵围住,这样做是为了避免卵被流水冲走或遭受敌害。直到幼鲵出生,雄鲵才会离去。

最大的草本植物

中国最大的草本植物——旅人蕉,树干高达 10 米,外形与棕榈相似;茎顶左右生有两行长椭圆形叶片,似蕉叶;花序呈蝎尾状,腋生,佛焰苞内有花 5 朵 ~ 12 朵。旅人蕉原产于非洲马达加斯加,中国台湾、广州、云南和海南岛有少量栽培,可供园林绿化。

◆ 名称由来

前往马达加斯加旅行的人,如果半路上缺水了,可以寻找旅人蕉,用工具戳穿旅人蕉的叶柄基部,就能喝到水了,"旅人蕉"之名因此而来。

◆ 生长习性

旅人蕉适合生长在全日照至半日照的地带,喜温暖潮湿的环境,最适合生长温度为 23℃ ~ 33℃。旅人蕉不耐寒,不耐水淹。

◆ 现状

现代社会,人们对旅人蕉的生命力和实用价值不再重视,看重的是它的观赏价值。旅人蕉的品种在不断改良,更具观赏价值。令人惋惜的是这种改良实际上是一种机制的退化,使得旅人蕉的实用价值大大降低,不再拥有顽强的生命力。

最硬的树木

中国最硬的树木——铁桦树，属于落叶乔木，生长缓慢，木质非常坚硬，是世界上最硬的树木，被称为"木王"。

◆ **形态特征**

铁桦树高约 20 米，树干直径约 70 厘米。树皮近黑褐色，表面密布白色斑点。成熟枝条呈黑褐色，嫩枝呈紫褐色。叶厚，卵形或宽椭圆形，边缘具有不规则的细而密的重锯齿或单齿。

◆ 生长环境

铁桦树一般生长在海拔 700 米左右的山地，耐寒、耐干旱、耐瘠薄，喜光。一直以来，人们都认为铁桦树只生活在寒冷地带，但据可靠消息称，2012 年国家林业局在浙江西部也发现了好几株百年以上的铁桦树。

◆ 繁殖方法

铁桦树靠种子繁殖，种子靠风力传播。

◆ 主要价值

铁桦树是世界上最硬的树木，木质极为致密，硬度是普通钢铁的两倍，可应用于制造高档汽车、高档家具、邮轮配件、航天配件等。铁桦树的科学价值也不可低估，培育价值较高。

最早的花

中国最早的花——辽宁古果。据南京地质古生物研究所研究员发现，辽宁古果是1.45亿年前的植物，属被子植物，是迄今为止发现的有确切证据的世界上最早的花。

◆ **破解难题**

被子植物突然在白垩纪大量出现，英国著名的博物学家达尔文曾因找不到它们的祖先类群和早期演化的线索而感到困惑。时隔一百多年，"辽宁古果"化石面世，国外许多科学家认为辽宁古果能成为解开这个谜题的重要依据。

◆ **实际意义**

　　科学家们可以通过研究辽宁古果，进一步研究我国辽西地区晚侏罗纪时期植物群的性质、组成，以及早期被子植物在我国辽西地区生长的地质、地理背景等。就当下而言，研究被子植物对判断地层、找寻煤和油等沉积矿藏具有实际意义。

◆ **荣誉**

　　辽宁古果的发现不仅证明了我国东北地区是被子植物的起源地之一，还将科学家认为的被子植物进化的时间提前了1500万年。

最早的消防队

中国最早的消防队——潜火队。我国早在北宋年间就建有消防灭火机构，那时候称之为"潜火队"。

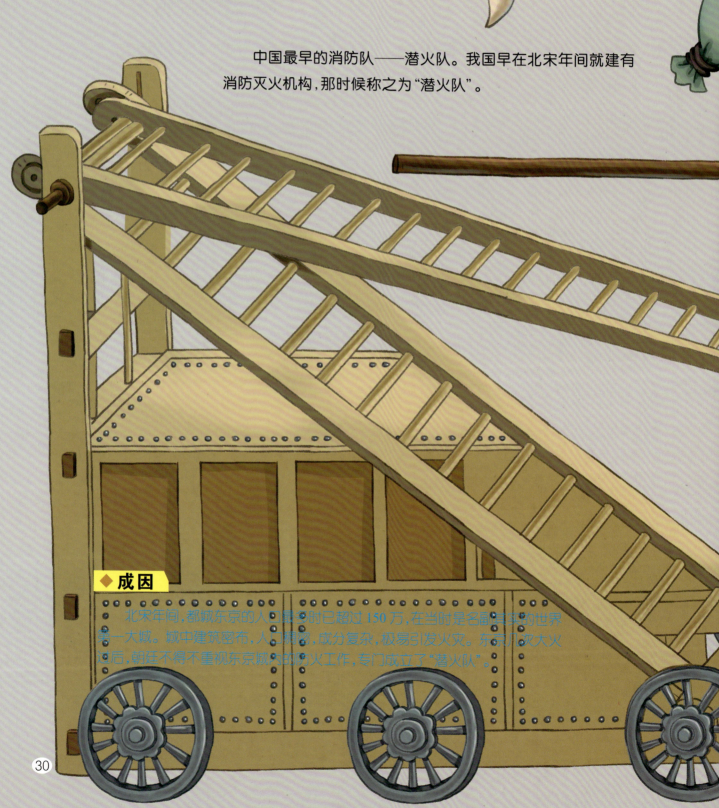

◆成因

北宋年间，都城东京的人口最多时已超过150万，在当时是名副其实的世界第一大城。城中建筑密布，人口稠密，成分复杂，极易引发火灾。东京几次大火过后，朝廷不得不重视东京城内的防火工作，专门成立了"潜火队"。

北宋"潜火队"配备的消防装备在当时是世界领先的,官府出钱措置装备,如火背心、防虞器具、桶索、云梯等。关于这些消防装置有着明确记载:云梯,"以大木为床,下施六轮,上立二梯,各长二丈余,中施转轴",可以用于高层建筑的救火;唧筒,"用长竹,下开窍,以絮裹水杆,自窍唧水",这大概是最早的消防泵。

东京城内每坊巷三百步许,有军巡铺房一所,铺兵五人。铺兵都是军人出身,主要任务是夜间巡逻,消除火灾隐患。军巡铺另设有高楼供铺兵卓望城中情况,发现火情后立即展开扑火行动。火情出现后,该地段的军政长官会在第一时间得到报告。

31

最早的纸币

中国最早的纸币——交子。交子是宋、金纸币名称之一，是当时统一发行的一种纸币，也是世界上最早使用的纸币。

铺 子 交

◆ 起因

北宋时期，货币流通量很大，铁钱和铜钱十分笨重，交易不便。当时，买一匹罗需中钱两万枚，那得用马车拉才行。最初，民间富商为了交易方便开设了交子铺，发行名为"交子"的纸币。后来，交子由朝廷统一发行。

◆ 通货膨胀

宋仁宗、宋神宗在位期间，朝廷严格遵守准备金比率发行纸币，使得纸币在当时有着较好的市场信用，币值得以稳定。但到了宋徽宗时期，大奸臣蔡京主持朝政，不顾后果地印刷纸币，造成通货膨胀，纸币的信用在民间跌落到了极点，被百姓拒收。

◆ 历史意义

比起金属钱币，纸币更容易携带，交易起来更为便捷，可以在较大范围内流通，促进了商品的交易。纸币的出现是货币发展的重大进步，在经济史上具有划时代的意义。

最早的自制手表

新中国成立初期，根据周恩来总理提出的"填补工业空白"的规划，1954 年年底，天津市轻工业局批准成立手表试制组（天津手表厂的前身）。1955 年 3 月 24 日，试制出我国最早的一块手表，命名为"五星"牌。1957 年，手表易名为"五一"牌。

◆ **后期改进**

　　1959 年，为了进一步完善我国的自制手表，天津手表厂特意聘请苏联相关方面的专家，对制表的一些工艺设施进行了改进，也是在这时候，天津大学输送来第一批计时系毕业生，增强了天津手表厂的实力。至 1985 年，30 年间，天津手表厂已向国家上交纯利税 10 亿多元人民币。

◆ 诞生过程

江正银、孙文俊、王慈民、张书文以瑞士高级别的表为参考，凭借仅仅400元研发资金，在一间14平方米的小屋里，用一台小旧车床、一台小卧式铣床、一台小立式钻床、一把25毫米的千分尺、一把游标卡尺和日常修表用的工具，历时100多天，终于制造出了中国最早的一只手表。

◆ 诞生意义

"五星"牌手表朴素大方，表盘上有"中国制"三个金字。它的诞生，意味着我国从此开辟了手表制造业新纪元。因手表正好诞生于五一前夕，经厂领导研究、局里批准，将"五星表"更名为"五一表"。

"秦半两"主要以青铜为原料制造,圆形方孔,上有"半两"二字,每枚重量为当时的半两,即12铢。

最早的统一货币

中国最早的统一货币——秦半两。公元前221年,秦始皇统一中国后,下令废除以前各诸侯国使用的贝币、布币、刀币等,规定了新的货币分为上下两等。上币的币材为黄金,其单位为"镒",用于大额支付;下币用青铜铸制,其单位为半两,用于民间日常交易。

"秦半两"的出现有着非凡的历史意义,它代表着中国古钱币的"大一统",是中国货币发展过程中的一个里程碑。统一币制"秦半两"还标志着中国古钱币的初步成熟,确定了钱币的基本造型,并沿用了两千多年,贯穿中国的封建社会时期。

◆ **特殊效果**

据说用来制造"秦半两"钱币的铜矿含有某种特殊物质,正好对人体骨头愈合有效,故有"秦半两"能治疗跌打损伤的说法。事实上,据《本草纲目》记载,"秦半两"可明目、止血。相传用来制造"秦半两"的特殊铜矿已被采尽,所以后世铜钱再无这种特殊疗效。

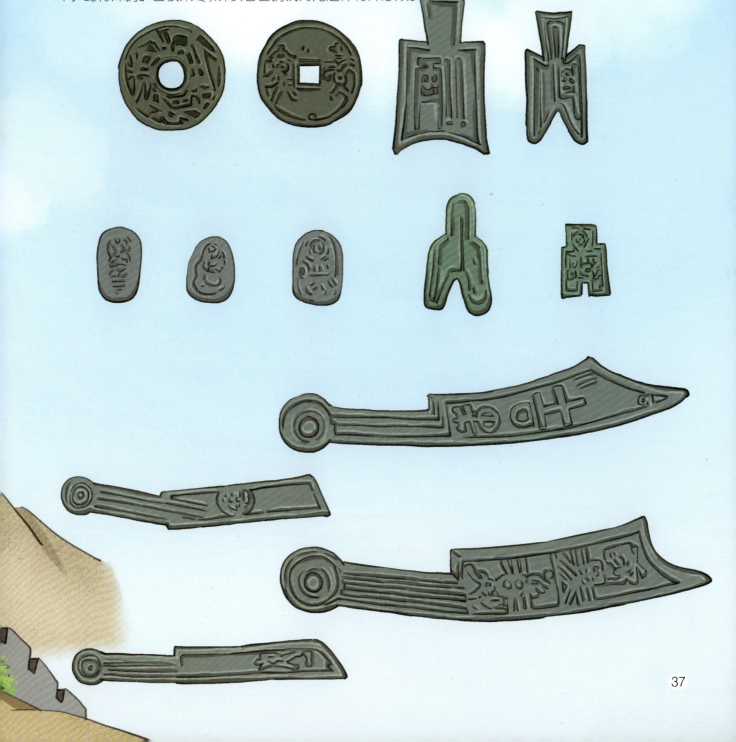

最大的图书馆

中国最大的图书馆——北京图书馆，一般指中国国家图书馆，是世界范围内较大、较先进的图书馆之一。它与北京海淀区白石桥高粱河、紫竹院公园相邻，位于北京市海淀区中关村南大街 33 号。

◆ 馆藏实力

北京图书馆（中国国家图书馆）是国家总书库、国家书目中心、国家古籍保护中心。馆藏文献超过 3500 万册（件）并以每年百万册（件）的速度增长。馆藏总量位居世界国家图书馆第七位，其中中文文献收藏数量为世界第一，外文文献收藏数量居国内首位。

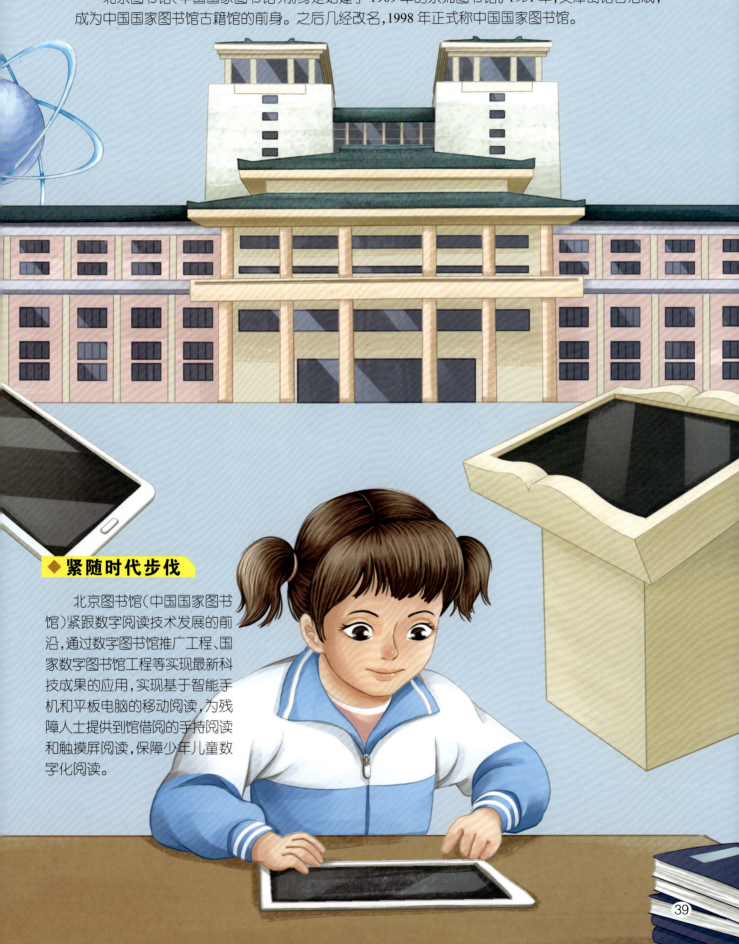

◆ 历史沿革

北京图书馆(中国国家图书馆)前身是始建于 1909 年的京师图书馆。1931 年,文津街馆舍落成,成为中国国家图书馆古籍馆的前身。之后几经改名,1998 年正式称中国国家图书馆。

◆ 紧随时代步伐

北京图书馆(中国国家图书馆)紧跟数字阅读技术发展的前沿,通过数字图书馆推广工程、国家数字图书馆工程等实现最新科技成果的应用,实现基于智能手机和平板电脑的移动阅读,为残障人士提供到馆借阅的手持阅读和触摸屏阅读,保障少年儿童数字化阅读。

最早的银行

我国第一家银行叫"中国通商银行",于清光绪二十三年(1897 年)在上海设立。

◆ 积极作用

中国通商银行建立之时,中国尚处于半殖民地、半封建社会。然而作为中国第一家银行,它在为发展中国人工农业、发展国民经济、繁荣市场、集聚资金、活跃城乡贸易等方面均起到了一定的积极作用。

◆ 历史沿革

中国通商银行成立于 1897 年,是中国人自办的第一家银行,总行设在上海,开创时参照汇丰银行的管理办法。民国初期,该行转变为纯粹的商业银行。1935 年,该行正式改组为"官商合办"银行。中华人民共和国成立后,"官股"由人民政府接管。1952 年 12 月与其他行庄合并组成公私合营银行。

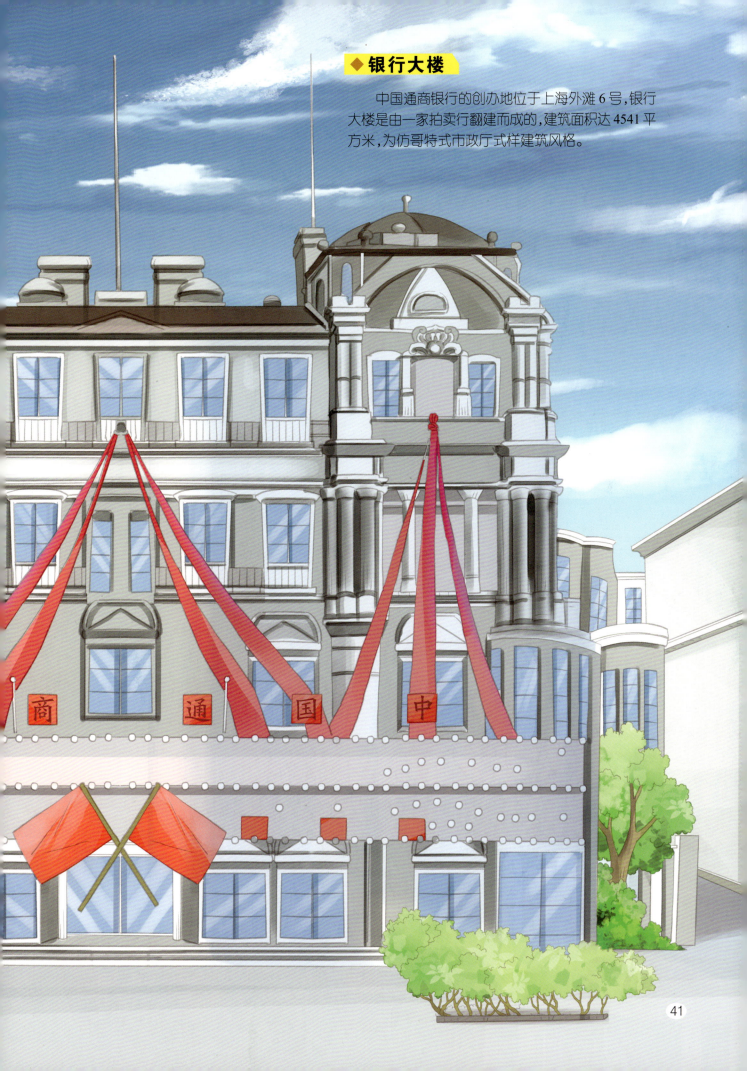

◆ 银行大楼

中国通商银行的创办地位于上海外滩 6 号,银行大楼是由一家拍卖行翻建而成的,建筑面积达 4541 平方米,为仿哥特式市政厅式样建筑风格。

现存最早的文字学书

《说文解字》是中国现存最早的文字学书，收字 9353 个，重文 1163 个，作者名叫许慎，是东汉时期的文字学家、经学家。

好

好 妆 好 好 好 好

好

说文解字

说文解字

◆ 创作背景

许慎所处的时代，古文经与今文经的论争十分激烈。两派的区别不只表现为所依据的经学版本和文字不同，更表现为怎样使经学为封建统治服务。《说文解字》便是在经学斗争中产生的。

◆ 内容价值

《说文解字》的内容十分丰富，包罗万象。今存宋初徐铉校定本，每卷分上下，共三十卷；收字 9353 个，重文 1163 个。它的价值不仅限于解说汉字，研究汉字本身，还可以说它是东汉末以前的百科全书，可以帮助后世之人研究古文、探讨古代文化。

◆ 历史意义

《说文解字》是我国文字学上分析字形、考究字源的首创之书，也是我国语文学史上最权威的辉煌巨著。

出土最大的青铜器

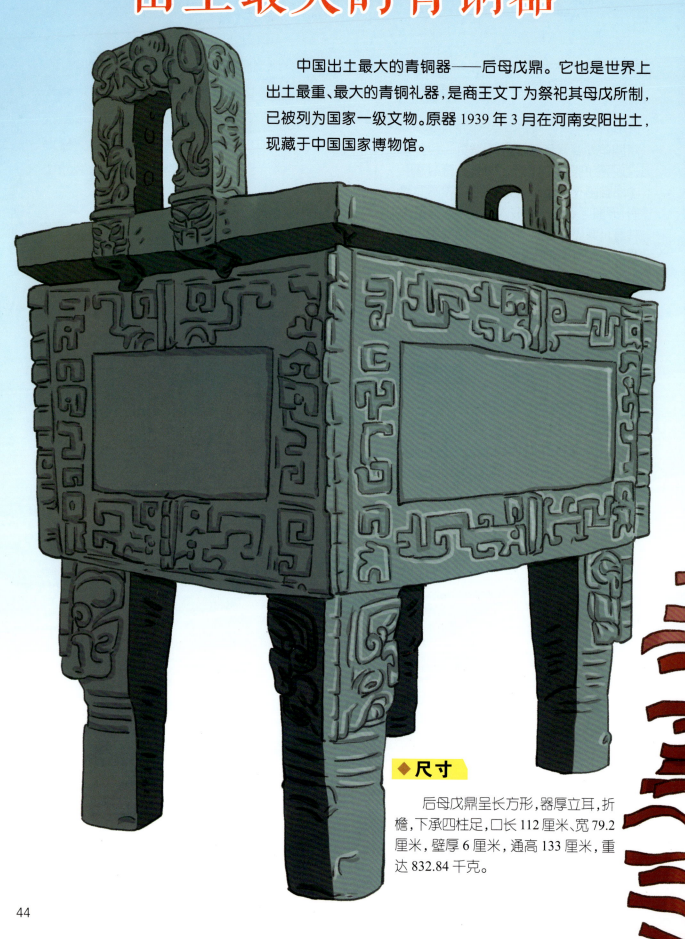

中国出土最大的青铜器——后母戊鼎。它也是世界上出土最重、最大的青铜礼器，是商王文丁为祭祀其母戊所制，已被列为国家一级文物。原器 1939 年 3 月在河南安阳出土，现藏于中国国家博物馆。

◆尺寸

后母戊鼎呈长方形，器厚立耳，折檐，下承四柱足，口长 112 厘米、宽 79.2 厘米，壁厚 6 厘米，通高 133 厘米，重达 832.84 千克。

后母戊鼎由三部分组成：鼎足、鼎身和鼎耳。鼎足上以扉棱为界，其上铸造有神秘的兽形纹路，如饕餮、老虎、蟠龙等。鼎身四周也以扉棱为界，同样铸造有饕餮纹和蟠龙纹。鼎耳上还铸有六条鱼形纹饰，外廓装饰俗称虎食人头的图案。所有纹饰均装饰在云雷纹的底纹之上，这种装饰手法被称为"三层花"。

◆ 成就价值

后母戊鼎是用二十余块外范一次铸成的，显示出了我国古代青铜器的铸造工艺、绘画语言和文字艺术，不仅反映了当时青铜冶铸工场的规模宏大，还反映了当时组织生产和管理生产的水平高超。

最大的石雕坐佛

中国最大的石雕坐佛——乐山大佛，位于四川省乐山市，北距成都 160 余千米，建造于唐代，依凌云山栖鸾峰临江峭壁凿造而成，为弥勒坐像。

◆ 建筑参数

大佛通高 71 米，头高 14.7 米，头宽 10 米，发髻 1051 个，耳长 7 米，鼻长 5.6 米，眉长 5.6 米，嘴巴和眼长 3.3 米，颈高 3 米，肩宽 24 米，手指长 8.3 米，从膝盖到脚背 28 米，脚背宽 8.5 米。

◆ 建造背景

武则天自身对佛教的偏好是当时佛教大兴的原因之一。由于武则天的大力提倡，全国塑凿弥勒之风大行。唐开元元年，凌云寺名僧海通有感岷江、大渡河、青衣江三江交汇处船只常常出事，发起修造大佛之念，一是使石块坠江减缓水势，二是借佛力镇水。

　　乐山大佛修造的年代距武则天统治的时代相隔不到十年，武则天信弥勒佛的影响还在，所以当海通修造乐山大佛时，自然选择了弥勒佛。另外，弥勒佛在佛教中代表着光明和幸福，这同平息水患的镇江之佛要求是一致的。

明成祖朱棣登位后，为彰显国威，造福后世，命翰林院解缙等人负责编修一部巨著，亲自作序并赐名《永乐大典》。

最大的百科全书

中国最大的百科全书——《永乐大典》。该书成于明永乐年间，由解缙、姚广孝等主持编纂，明成祖朱棣亲自赐名。初名《文献大成》，后广收各类图书七八千种，辑成二万二千八百七十七卷，凡例、目录六十卷，定名《永乐大典》。正本毁于明亡之际，副本至清咸丰时也渐散失。

◆ 主要内容

《永乐大典》收录古代重要典籍七八千种，所辑录的书籍，全部照原著整部、整篇、整段分别编入，一字不改，内容包括经、史、子、集、工艺、农艺、阴阳医术、占卜、释藏道经、天文地理、戏剧等，涵盖了中华民族数千年来的知识财富。

◆ 历史影响

《永乐大典》是我国著名的古代典籍，也是公认的迄今为止世界上最大的百科全书。它保存了我国明初以前各种学科的大量文献资料，许多明初以前的文献因此得以流传后世，不仅为后世留下了丰富的历史故事，还帮助后人解开了许多历史之谜。

最早的诗歌总集

中国最早的诗歌总集——《诗经》。这部作品内容丰富，分为"风""雅""颂"三大类，共收录诗歌三百零五篇。

◆ 名称由来

《诗经》在先秦时期通常称为《诗》，又叫《诗三百》，编成于春秋时代。《诗》被读书人称为"经"，与孔子及其传人对它的弘扬、传授直接相关。受到汉武帝"罢黜百家，独尊儒术"的影响，西汉时尊《诗》为儒家经典，始称《诗经》。

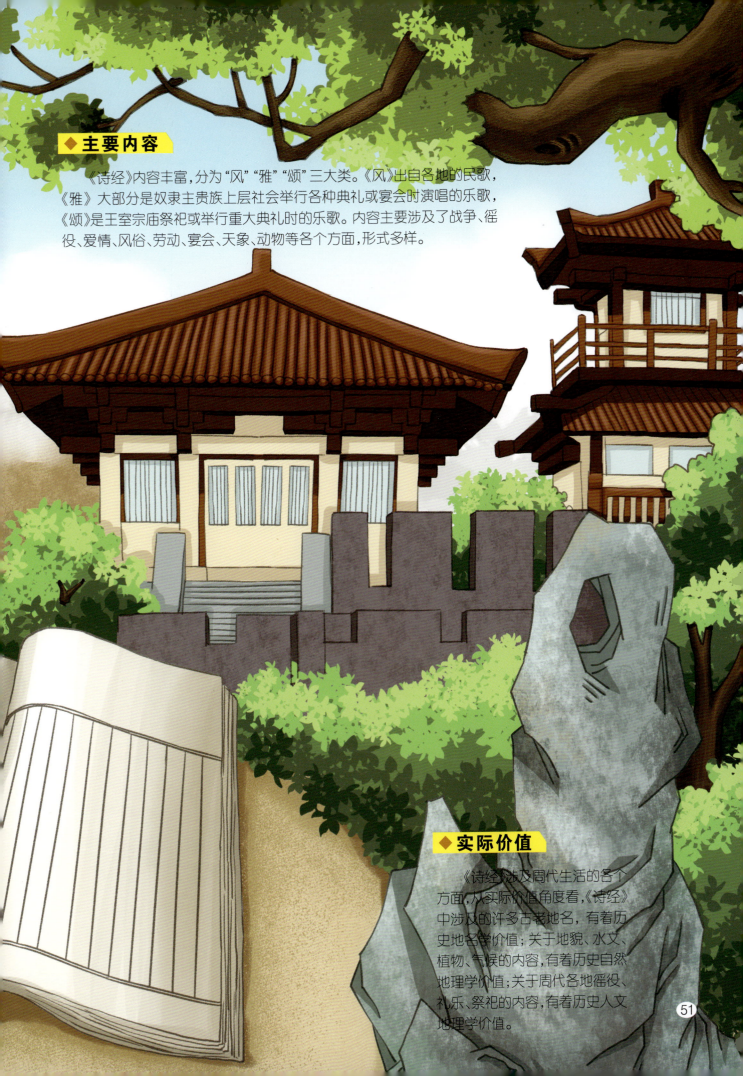

◆ **主要内容**

　　《诗经》内容丰富,分为"风""雅""颂"三大类。《风》出自各地的民歌,《雅》大部分是奴隶主贵族上层社会举行各种典礼或宴会时演唱的乐歌,《颂》是王室宗庙祭祀或举行重大典礼时的乐歌。内容主要涉及了战争、徭役、爱情、风俗、劳动、宴会、天象、动物等各个方面,形式多样。

◆ **实际价值**

　　《诗经》涉及周代生活的各个方面,从实际价值角度看,《诗经》中涉及的许多古老地名,有着历史地名学价值;关于地貌、水文、植物、气候的内容,有着历史自然地理学价值;关于周代各地徭役、礼乐、祭祀的内容,有着历史人文地理学价值。

手眼最多的佛

中国手眼最多的佛——大相国寺千手千眼佛。这尊佛像立于开封大相国寺八角琉璃殿中，由银杏木雕成，高约 7 米，每面各有大手 6 只，两肋间呈扇状排列着一层层的手臂，每只手掌中有 1 只眼睛，共计有 1048 只手和 1048 只眼。

◆ "千手千眼"

　　寺庙中的千手千眼佛大多采用象征性的表现手法,展示出"千手千眼"这一形象,实际上并非都是千手和千眼,如著名的河北承德普宁寺大乘阁千手千眼观音佛,实际只有42只手,胸前两手合十,其余40只手每只手的手心各有1只眼睛,外加面部3只眼睛,共43只眼睛。

◆ 佛雕外形

　　大相国寺千手千眼佛的材质为银杏木,高约7米,四面千手千眼形象。佛像身着法衣,头戴雕花金冠,慈眉善目,法相庄严。

◆ 相关故事

　　传说,玉皇大帝曾做过凡间帝皇,他在凡间的三女儿用自己的一只手和一只眼入药为他治好了病。后来,玉皇大帝掌管天庭,派神鸟鹦鹉去西天求如来佛,请他把三公主封为"全手全眼佛"。哪知鹦鹉吐词不清,说成了"千手千眼佛",三公主便因此被如来度成了千手千眼佛。

最早的冰箱

中国最早的冰箱——冰鉴。冰鉴是古代用来盛冰的容器，它既可让食物保鲜，又能散发冷气，让室内凉爽。

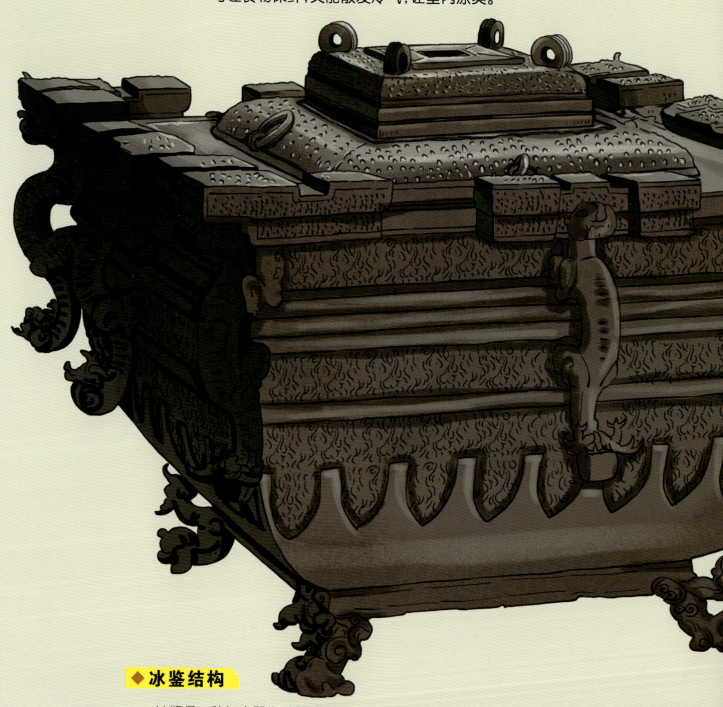

◆ 冰鉴结构

冰鉴是一种复合器物，外形为方体，两侧设有提环，顶上有盖板，盖上有双钱孔，整体像一个方口的大盆。它由两件器物套合组装而成，分为缶和鉴，缶内装酒或食物，鉴、缶壁之间的空间放置冰块。

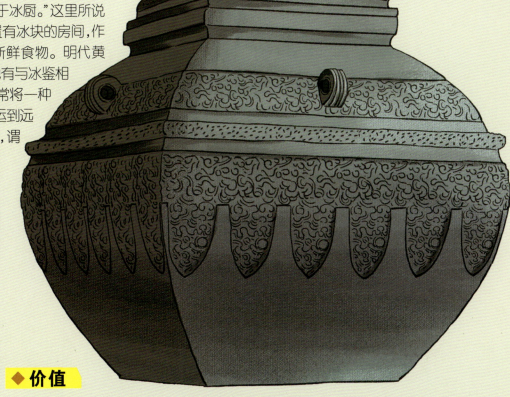

　　《吴越春秋》中有记载："勾践之出游也，休息食宿于冰厨。"这里所说的"冰厨"就是放置有冰块的房间，作用是在夏季储存新鲜食物。明代黄省曾的《鱼经》中也有与冰鉴相关的记载："渔民常将一种鳓鱼'以冰养之'，运到远处，可以保持新鲜，谓之'冰鲜'。"

◆ **价值**

　　古代冰鉴的铸造，反映了当时的铸造工艺，体现了那一时代的综合生产力水平和艺术审美方面的繁缛之风，是研究古代历史的重要证物。后人透过古代冰鉴，能了解到冰鉴所在时期的部分工艺和文化。

最早的麻醉剂

中国最早的麻醉剂——麻沸散。第一个发明麻醉剂的应当是我国东汉时期的华佗。据史料记载，我国在公元2世纪就有了用"麻沸散"全身麻痹进行手术的案例。时隔近1700年的近代，最早发明全身麻醉剂的人是19世纪初期的英国化学家戴维。

距今 2000 多年前,中国医学界已经有了麻醉药和醒药的实际应用。《列子·汤问篇》中记述了扁鹊为公扈和齐婴治病,"扁鹊遂饮二人毒酒,迷死三日,剖胸探心,易而置之;投以神药,既悟如初……"用"毒酒""迷死"病人施以手术,再用"神药"催醒。

◆ **名称由来**

传说华佗的儿子沸儿误食了曼陀罗的果实不幸身亡,华佗万分悲痛,在曼陀罗的基础上加了其他的几味中草药,研制出了世界上最早的麻醉药,为了纪念他的儿子,便将这种药命名为"麻沸散"。

◆ **相关故事**

据传,曹操有严重的头风病,华佗给出的治疗方案是让曹操服"麻沸散"后剖开头皮切除病根,可曹操疑心太重,认为华佗要害他,便把华佗杀害了。关于"麻沸散"的配方遗本传说众多,有的说被华佗用火烧掉了;有的说华佗在监狱中送给看守人,而被看守人的妻子烧掉,看守人仅留下了一部分;还有的说华佗烧的是副本,正本留在家中。

最早利用火箭飞行的人

中国最早利用火箭飞行的人——陶成道。他原名陶广义，后被朱元璋赐名"成道"；原是浙江婺城陶家书院山长，喜好钻研炼丹技巧。一次炼丹事故后，他转为试制火器，以此技艺在朱元璋麾下效力。

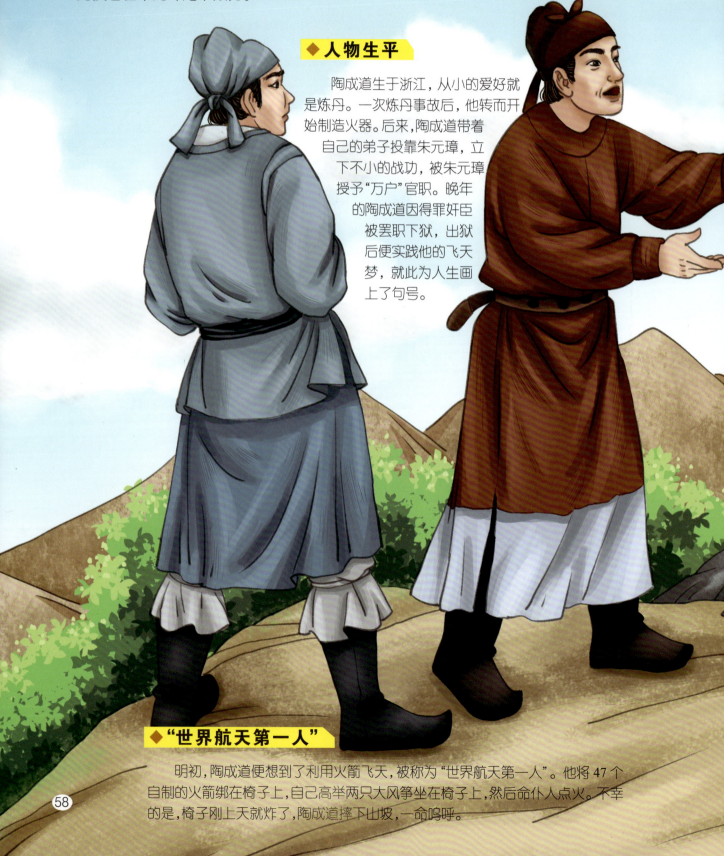

◆ 人物生平

陶成道生于浙江，从小的爱好就是炼丹。一次炼丹事故后，他转而开始制造火器。后来，陶成道带着自己的弟子投靠朱元璋，立下不小的战功，被朱元璋授予"万户"官职。晚年的陶成道因得罪奸臣被罢职下狱，出狱后便实践他的飞天梦，就此为人生画上了句号。

◆ "世界航天第一人"

明初，陶成道便想到了利用火箭飞天，被称为"世界航天第一人"。他将47个自制的火箭绑在椅子上，自己高举两只大风筝坐在椅子上，然后命仆人点火。不幸的是，椅子刚上天就炸了，陶成道摔下山坡，一命呜呼。

最早的地震仪

中国最早的地震仪——候风地动仪。公元 132 年，东汉时期科学家张衡制造出的候风地动仪是世界上最早可以检测地震方位的仪器。

候风地动仪对准八个方向，分别是东、东南、南、西南、西、西北、北、东北，每个方向上各设置有一个含铜珠的龙头，每个龙头正下方各有一只张着口的蟾蜍与其对应。任何一方如有地震发生，候风地动仪内部的"都柱"便会发生摆动，该方向龙头内的铜珠便会落入正下方对应的蟾蜍口中，由此便可测出发生地震的方向。

◆ **原理考证**

据中外学者考证，张衡发明的候风地动仪运用的是力学上的惯性原理，其内部的"都柱"发挥的是惯性摆的作用。

◆ **背景**

公元 92 年到公元 125 年，地震比较频繁，短短三十多年间，东汉疆域内共发生了二十六次大地震。张衡生于这样一个年代，目睹了地震带来的破坏，为了掌握全国地震动态，他苦心钻研多年，于公元 132 年发明了候风地动仪。

最早的飞行器

中国最早的飞行器——风筝。中国古代，人们将竹子劈开，分成竹条，以竹条编成骨架，在上面糊上纸或者绢，系上长线用作牵引，借风力将其送上天空，并为其命名为"鹞子"，又叫作"纸鸢"，这就是最早的风筝。

起源

相传风筝的制作灵感来自墨翟制造的木鸟，后来鲁班改进了木鸟，但直至东汉时期蔡伦发明了造纸术，坊间才开始以纸做风筝，称为"纸鸢"。

构造

风筝的形状主要是模仿大自然生物，图案全凭个人喜好。制造材料除了传统的竹子、丝绢、纸张外，现代有了塑胶材料，更加轻便耐用。还有人设计出一种无骨风筝，结构就是用绢兜出一个坑，让风力灌入其中，使得这种无骨风筝形成一个气枕，然后飞上天空。

　　传说，大禹时代便有了风帆，风筝的设计灵感正是来源于此。还有另一种说法，风筝起源于北方的帐篷，那时候的人们看见帐篷被大风刮得在空中飘扬，便设计出了风筝，之后逐步演变成了一种游乐活动。

最早的指南针

中国最早的指南针——司南。司南是以磁石为原料制成的器具，呈勺形，将它放在一个光滑的盘子上，利用磁铁指南的作用分辨方向。

◆ **起源**

早在春秋时期，中国人便已有了冶炼天然矿石的技艺，从而发现了磁石存在磁性。当时的人们称这种具备磁性的石头为"慈石"，唐代时改"慈"为"磁"。以磁石制成的指南仪器称为"司南"，其中"司"即是"指"的意思。

◆ **制作**

　　结合古籍记载,现代科技史学家复原出了"司南"。以磁石制出一把汤勺,将汤勺平放在光滑的铜盘上,盘的四周遍布说明方位的刻纹,拨动汤勺的长柄,汤勺在铜盘上转动,转动停止时长柄指向的方向即是南方。

◆ **相关记载**

　　《韩非子·有度》一文中有着关于司南的最早记载,磁勺说支持者引以为论据。《论衡》中有"司南之杓,投之于地,其柢指南"的记载。相关记载还有很多,对司南的描述大致相同。据古书记载,春秋战国时期正是社会体制大变革的时期,采矿业、冶炼业有了很大的发展,人们在实践中发现了磁石的特性,从而制造出了司南。

最早的地雷

中国最早的地雷——"自犯钢轮火"。中国最早的地雷是由明代戚继光发明的，比欧洲人约早三百年。明朝人把这种埋在地下，不用人工点燃，让敌人自己踏上就会自动爆炸的新式杀伤武器，叫作"自犯钢轮火"。这也是世界上最早的地雷。

◆ 历史沿革

约在 13 世纪初，中国就出现了爆炸性火器，这是早期地雷的雏形。欧洲 15 世纪时期的战争中才出现这类爆炸性火器。19 世纪中叶以后，欧洲工业发展远远领先中国，各种烈性炸药和引爆技术出现，现代地雷因此诞生。

◆ 原理

据史料记载，明神宗万历八年，时年五十三岁的戚继光正奉命驻守蓟州，他发明了"自犯钢轮火"式地雷。当敌人踩中地雷上的机索时，地雷内的钢轮转动与火石急剧摩擦生火，地雷就会引爆。

◆ 文献记载

戚继光发明地雷之前，已有关于爆炸类火器的记载。史料中明确出现"地雷"一词是在明代。据《兵略纂闻》中记载："曾铣作地雷，穴地丈余，柜药于中，以石满覆，更覆以沙。令于地平，伏火于下，系发机于地面，过者蹴机，则火坠落发石飞坠杀，敌惊为神。"另外《天工开物》中还记载了地雷的制作方法和构造图样。

规模最大的农民起义

中国近代规模最大的农民起义——太平天国运动。太平天国运动坚持斗争十四年，打击了封建势力和外来侵略势力，是中国近代史上农民运动的高潮，最后在中外反动势力的联合打击下黯然落幕。

◆ 战争背景

鸦片战争后，中国沦为半殖民地半封建社会。侵略者向清政府索要战争赔款和赎城费，清政府于是加紧搜刮老百姓，横征暴敛，税费翻倍。同时，外国商品的大量涌入导致国内许多行业受到摧残，许多人因此破产。另外，地主阶级乘机兼并土地，剥削百姓。多重压迫和剥削下，处于社会底层的老百姓彻底没了活路。

◆ 影响

太平天国运动虽然失败了，但长期逆来顺受的老百姓受到了鼓舞，此后一直没有放弃过与封建王朝和外来侵略者的斗争。时隔半个世纪，辛亥革命爆发了。

69

◆ 评价

孙中山先生曾评价过太平天国运动："五十年前，太平天国即纯为民族革命的代表，但只是民族革命，革命后仍不免专制，此等革命，不能算成功。"太平天国运动发展到十八省，坚持斗争十四年，严重动摇了清朝统治，打击了外国侵略者，对中国近代史产生了深远影响。

现存最早的兵书

中国现存最早的兵书——《孙子兵法》。它的作者为春秋时期吴国将领孙武。该书也是世界上现存最早的军事著作，六千字左右，共十三篇。

◆ 成书过程

　　孙武本是齐国人，后辗转来到吴国，适逢公子光政变。公子光即位后，伍子胥听说孙武在军事上的才能，便向吴王推荐孙武。孙武带着这十三篇兵法觐见吴王，获得重用。

◆ "长寿"秘诀

　　历史上出现过许多兵书，上面记述了各种攻城略地的手段，但随着时代变迁，那些计策已经不再适用。但《孙子兵法》不同，它所展现的是宏观的思想和对全局的把控能力，无论哪个时代，有竞争的地方都会需要，至今仍不落伍，这便是《孙子兵法》的"长寿"秘诀。

◆ "兵学圣典"

　　《孙子兵法》现已被译成十几种文字，在世界各地广为流传，其中的军事思想对中国历代军事家、政治家、思想家产生了非常深远的影响。不仅在中国，在西方国家，特别是在美国，人们更是将《孙子兵法》用于包括战场、商业、企业管理等诸多领域。《孙子兵法》在世界范围内享有"兵学圣典"的美誉。

最早的飞机设计师

中国最早的飞机设计师,也是中国第一位飞机制造师和飞行家——冯如,原名冯九如,字鼎三,广东恩平人,生于1883年,于1912年8月25日的飞行表演中不幸牺牲。

◆ 少年壮志

冯如幼年时便喜欢手工,经常制造一些小车、小工具等模型。12岁那年,冯如跟着舅舅前往了美国。其间,冯如认识到了西方工业的强大,立志学好机械技术,用科技救中国。他学习非常刻苦,常常一个人钻研到深夜,成绩在班上名列前茅。

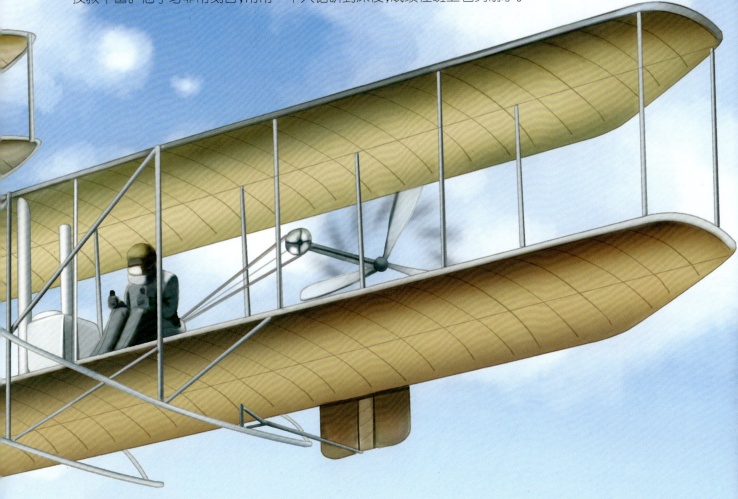

◆ 意志坚定

1907年,冯如变卖了自己所有的金银玉器,又向华侨寻求募捐,用得来的资金办起了中国人的第一家飞机制造公司。他认识到他所处的时代竞争激烈,飞机已经成为军事上不可缺少的装备,他想制造飞机,让中国的国防强大起来。冯如和助手们起早贪黑,经历过制作失败和坠机后,终于成功制造出了属于中国人的第一架飞机。

◆ 一举成名

1910年10月,一场国际飞行比赛在旧金山举行,冯如驾驶着他的最新型飞机参加了此次比赛。这架飞机机翼长约9米,翼宽1.37米,内燃机22千瓦,螺旋桨每分钟转动1200转。此次比赛,冯如以200多米的飞行高度和约105千米的时速分别打破了1909年在法国举办的第一届国际飞行比赛的世界纪录,成为举世公认的飞机设计师、制造家和飞行家。

熊秉坤,原名祥元,字载乾,湖北江夏(今武汉市武昌区)修元乡熊家湾人。早年家中经商,后因父亲早逝家道中落,几经辗转入湖北新军第八镇工程第八营当兵。1911年春,加入共进会,不久便担任共进会工程第八营营代表。

最先打响辛亥革命之枪的人

中国辛亥革命打响第一枪的人——熊秉坤。1911年9月24日,武昌起义的计划在一次联合大会上敲定。10月10日晨,熊秉坤的战友被杀,于是他召集同志们约定在晚上7时发动起义计划。后事情有变,情况紧急之下熊秉坤提前示信发难,揭开了武昌起义的序幕。

◆ **历史背景**

　　太平天国运动落幕之后,帝国主义和清政府并没有收敛,反而更加疯狂地剥削百姓,人民的反抗意识越来越强烈。当时以孙中山为代表的仁人志士,立志打破这种局面,拯救人民,拯救中国,纷纷组织革命团体,发动武装起义。

◆ **影响**

　　武昌起义后,革命军占领武昌,打响了辛亥革命第一枪,振奋了全国人心。这一战消灭了清军大批有生力量,在中国腹心地区打开一个缺口,成为对清王朝发动总攻击的突破口,推动了革命高潮的到来。

最早的海军学校

中国最早的海军学校——福建船政学堂。学堂创办于 1866 年,由左宗棠奏请创办,学制五年,教授造船和航海相关知识。

◆ 学堂简介

福建船政学堂率先引进西方军事教育的体制及内容,是中国近代航海教育和海军教育的发源地。初建时称为"求是堂艺局"。1867 年马尾造船厂建成后搬迁至马尾,遂改名为"马尾船政学堂"。船政学堂为两支,一支为"前学堂"和"后学堂",分别教授造船和航海;另一支为"绘事院"和"艺圃",培养技工。

◆ 历史地位

福建船政学堂主要教授造船和航海相关知识,属于职业技术性的高等专业专科学校。在建设高等教育体系、培养高级专业人才、推动中西文化交流等方面有着比较突出的作用,对于社会的影响十分突出。

◆ 意义

福建船政学堂兴盛的时间并不长,却开创了中国近代海军教育的先河,培养了诸多仁人志士,对我国近代海军教育的发展有着深远的影响。